Mythos

MARRA KESCH

9
410
مراكش
MARRAKECH
172

vorausgegangene Doppelseiten
Jahrhundertelang Endpunkt der Karawanenwege aus den Tiefen Afrikas: Wer die Tore von Marrakesch durchschritt, dem boten sich seit jeher Reichtum, Formenvielfalt und Farbenpracht der Handelsstadt – gegründet im elften Jahrhundert zu Füßen der schneebedeckten Gipfel des Atlas-Gebirges. Längst hat die Gegenwart in die Kulisse aus vergangenen Tagen Einzug gehalten und wird mit dem Handy auch an Stellen telefoniert, wo ein Mobiltelefon fremder wirkt als anderswo. Die Zeiten, als aller Wohlstand der Stadt aus Handel und Handwerk stammten, sind vorbei. Marrakesch lebt heute zwar auch davon – aber mehr noch von Tourismus und Dienstleistung. Und vom Mythos seiner Medina mit den zum Trocknen über die Gassen gespannten Stoffbahnen der Färber.

Mythos MARRAKESCH

von Helge Sobik

FE7

TELEBOUTIQUE

TERRASSE PANORAMIQUE Café Restaurant

vorausgegangene Doppelseiten
Es gibt diese Szenen noch – diesen Alltag, als ob die Zeit angehalten worden wäre: Mal sind es tief verschleierte Frauen, die selbstbewusst an lehmfarbenen Wänden entlang schreiten, mal Männer in weiten Mänteln, unter deren Kapuzen Kopf und Gesicht verschwinden. Sie eilen nach Hause – oder zur Koutoubia-Moschee, dem berühmtesten Gotteshaus der Stadt, wenn der Muezzin zum Gebet ruft. Und kurz nach Einbruch der Dämmerung füllt sich auch der Gauklerplatz Djemmaa el-Fna mit seinen Garküchen, den Artisten und Märchenerzählern.

Mythos
MARRA KESCH

Reiz-überflutung mit zehn Buchstaben

Der Mythos Marrakesch

von Helge Sobik

vorausgegangene Doppelseite
Gerüst zum Schutz vor der sengenden Sommersonne über den Gassen: Die Souks von Marrakesch sind ein Labyrinth, in dem sich nur wirklich gut zurechtfindet, wer dort zuhause ist.

Ins rechte Licht gerückt: Mann mit Babouches, den typischen marokkanischen Pantoffeln. Für Beleuchtung im Basar sorgt das Tageslicht, das gleißend hell durch Öffnungen in der Überdachung in die Gassen flutet.

Der Wind ist verschwunden, hat sich vor die Tore der Stadt zurückgezogen. Irgendwann im Laufe der Nacht hat er plötzlich aufgehört, mit den Vorhängen neben dem geöffneten Fenster zu spielen. Das Trommeln der Tamburine ist verklungen – erst lange nachdem der Wind gegangen war. Mindestens die halbe Nacht waren sie zu hören. Rhythmisch, dröhnend, im donnernden Stakkato. Der Verstand hat sie näherkommen und lauter werden hören, obwohl sie sich nicht von der Stelle gerührt hatten. Es roch nach den vielen kleinen Feuern auf dem sechs Fußballfelder großen Gauklerplatz in ein paar hundert Meter Entfernung, nach Holzkohle, nach gegrilltem Fleisch und Fisch und Gemüse, nach Gebratenem, Gedünstetem, Gekochtem, nach allem, was Garküchen fabrizieren können. Und es roch sogar nach dem in die Luft gespienen und gleich darauf verpufften Petroleum der Feuerspucker. Nichts davon störte, alles gehörte hierher.

Und als die Tamburine und Schellen endlich nicht mehr zu hören waren, als diese Stadt endlich nicht mehr dröhnte, als der Wind all die Gerüche mit vor die Stadtmauer genommen und die Rauchsäule über der Medina abgetragen und winzig fein über den Landstrich verteilt hat – da fehlte etwas. Es war so still, dass man davon aufwacht. Und dass man all das vermisst, was eben noch war und über das hinweg es sich kurz zuvor kaum einschlafen ließ: das Fremde, Ungewohnte, das Geheimnisvolle und sogar das ein bisschen Geisterhafte. All das, was diese Königsstadt am Rande des Atlasgebirges mehr als jede andere Metropole Nordafrikas zum Mythos hatte werden lassen. All das, was selbst über gewisse Entfernung noch ihren Zauber ausmacht, wenn Straßen, Häuser und versteckte Gärten zwischen dem Zentrum mit dem Gauklerplatz und dem eigenen Hotelzimmer mit dem offenen Fenster liegen. Der Klang ist hier überall, der Geruch der Feuerstellen allgegenwärtig.

Magnet im Zentrum von Marrakesch: der Gauklerplatz Djemmaa el-Fna mit dem Minarett der Koutoubia-Moschee im Hintergrund. Einst wurden hier die öffentlichen Hinrichtungen vollstreckt.

Dieses Dröhnen wird man nicht mehr los. Es nistet sich im Kopf ein. Es klingt zwischen den Ohren, lässt sich nicht mehr abschalten, nur leiser drehen. Es ist der Herzschlag dieser Stadt. Am neuen Tag wird es die eigenen Schritte bestimmen, den Rhythmus der Fortbewegung vorgeben: Hände, die einen Abend und eine Nacht lang wie ekstatisch auf eine straff gespannte gegerbte Ziegenhaut eingeschlagen haben, sind daran schuld. Hände, die jeden Abend und jede Nacht rund um jedes Jahr dasselbe tun. Es sind Hände von Menschen in weiten weißen Umhängen, ihren Djellabas, von Männern mit roten Filzkappen, die den Soundtrack dieser Stadt erschaffen – auf einem Volksfest, das Alltag ist. Eines, das Einheimische anlockt und Fremde. Eines, das es schon immer gab – so lange jedenfalls wie die Geschichten jener Märchenerzähler zurückreichen, die abends auf diesem Platz auf dem Pflaster hocken, von Menschen umringt sind und von Prinzen und Prinzessinnen, von Romanzen und gefährlichen Abenteuern erzählen. Es sind überlieferte Geschichten – oder gerade erst erfundene Stories. Diese Märchenerzähler gehören hierher genau wie die Musiker, wie die Feuerspucker und die Schwertschlucker, die Akrobaten, die Wahrsager, die Jongleure und die Schlangenbeschwörer, wie die Bettler und die Taschendiebe. Sie sind Teil einer grandiosen Reizüberflutung mit zehn Buchstaben: Marrakesch.

ZIRKUS AUF DEM PLATZ DER GEKÖPFTEN

Jeden Nachmittag beginnt dieser Zirkus auf dem Djemmaa el-Fna, dem »Platz der Geköpften«, wo einst die Todesurteile vollstreckt wurden. Die Vorstellung dauert im Sommer bis morgens früh um halb fünf, weil es vorher sowieso zu heiß zum Schlafengehen ist. Im Winter machen die Akteure um kurz vor Mitternacht Feierabend, weil es dann empfindlich kühl wird und Zauber Wärme braucht. »Hast Du einen Tag in Marokko«, sagt ein Sprichwort, »verbringe ihn in Marrakesch. Hast Du nur eine Stunde, verbringe sie auf dem Djemmaa el-Fna.«

Cafés flankieren dieses Areal – viele mit Dachterrasse, damit sich Fremde erstmal mit gebührendem Abstand auf den Trubel einstimmen können, ehe sie sich hineintrauen in die wabernde Menschenmenge. Ein paar Jahrhunderte lang war der Platz der Gaukler sandig und uneben, dann für ein paar Jahrzehnte geteert. Diese Decke schmolz jeden Sommer bei manchmal 45 Grad Mittagstemperatur. Jetzt sind vielfach Platten verlegt, und erstmals ist das Herz der Stadt halbwegs eben – und leider auch ein kleines bisschen weniger urig, weniger improvisiert als zuvor.

Vormittags ist es leer hier, nur ein paar Händler haben schon aufgebaut, und die Schreiber sind da, die Formulare für Analphabeten gegen Entgelt ausfüllen oder Briefe abfassen. Nachmittags kommen die ersten Gaukler und Akrobaten, kurz vor Einbruch der Dunkelheit rollen auf Karren und Kutschen die Garküchen heran, die sich in Windeseile in kleine Restaurants verwandeln. Das Gefährt wird Arbeitsplatte und Herd und Tresen, um das herum Stühlchen und ein paar Bänke aufgestellt werden.

Auch hier hat die Stadtverwaltung inzwischen relative Ordnung geschaffen: Jeder Karren muss bestimmte Gestaltungsvorschriften erfüllen, hat eine Nummer zugeordnet bekommen und einen festgelegten, klar begrenzten Stellplatz. Und er darf erst zu einer bestimmten Zeit auf den Platz rollen. Bei Tageslicht nimmt diese neue Regelungswut etwas von dem Faszinosum, bei Dunkelheit sind alle Einschränkungen vergessen und alles wirkt wieder wie früher: als ob dieser Platz Endhaltestelle aller Fliegenden Teppiche wäre. Oder ihre Startrampe.

Wie sehr man als Fremder diesem Zauber verfällt? Das hängt davon ab, wie viel Fantasie jeder Einzelne mitbringt. Und wie weit man bereit ist, sich auf all das einzulassen, was diesen Platz ausmacht.

Treffpunkt von Händlern und Schaustellern: Djemmaa el-Fna in den 1930er Jahren. Auch Schreiber boten hier tagsüber ihre Dienste an, um gegen geringes Entgelt Briefe für Analphabeten abzufassen – oder die Post vorzulesen.

WEISSAGUNG IM SCHEIN EINER ÖLLAMPE

Es duftet nach altem Arabien, nach Hinsetzen, Bleiben und Probieren. Umgerechnet etwa 70 Cent kostet dort ein Salat, genauso viel eine Suppe, fünf Euro ein üppiges Hauptgericht. Nur auf Mond oder Sternenhimmel muss man auf dem Djemmaa el-Fna recht bald verzichten. Die Rauchschwaden aus den Garküchen, Bratereien und mobilen Mini-Restaurants verschleiern ihn. Es ist derselbe Rauch, den der Wind spät in der Nacht vor die Tore der Stadt tragen und dort fallen lassen wird.

Kartenleger und Numerologen haben derweil Posten in der Nachbarschaft der Küchen bezogen – und umso mehr zu tun, je finsterer es wird. Nur wenige haben eine Öllampe dabei, die meisten weissagen nur im Schein der Beleuchtung einer Garküche, die lange Schatten wirft. Jeder hat die gleichen grünen Plastikhocker für seine Kunden, als ob sie alle beim selben Ladenausstatter die Minimal-Deko fürs abendliche Geschäft eingekauft haben. Kaum ein Fremder versteht ihre auf Arabisch vorgetragenen Prophezeiungen, kaum einer die Märchenerzähler, um die sich das Publikum schart. Trotzdem fesseln die Stimmen, die Worte. Spätestens die Faszination in den Gesichtern der einheimischen Zuhörer zieht alle Fremden in den Bann.

Farbenfrohe Souks, unübersichtliche Gassenlabyrinthe, maurisches Kunsthandwerk, architektonische Glanzlichter – all das gibt es auch anderswo, auch weiter nördlich in Fes oder Meknes, in Rabat oder sogar in Tanger ganz oben im Norden Marokkos zum Beispiel. Was aber Marrakesch so einzigartig macht, das ist dieser Platz. Djemmaa el-Fna gibt es nur einmal, diese Reizüberflutung, diesen Klangteppich, den man nicht mehr los wird. Das gibt es nur hier, nur in Marrakesch.

Als Autos noch Seltenheitswert hatten, Fahrräder etwas Besonderes waren und die meisten Menschen von nichts als ihren Füßen durchs Land getragen wurden: Rast vor der historischen Stadtmauer von Marrakesch, die noch heute erhalten ist.

EIN MAGNET VON ANBEGINN

Gegründet wurde diese Stadt um 1070 an strategisch idealer Stelle. Aus dem anfänglichen Feldlager erwuchs schnell eine Berbersiedlung, die sich zur Hauptstadt des Almoraviden-Reichs entwickelte – und in kurzer Zeit ein wichtiges Handelsdrehkreuz werden sollte. Karawanen aus dem Sudan endeten hier ebenso wie die Lasttier-Trecks aus Timbuktu und den südlicher gelegenen Tiefen des noch kaum erforschten Afrikas. Aus Norden floss der Warenstrom seinerseits hierher, um getauscht oder verkauft zu werden. Und mit jedem Stückchen Stoff, mit Lederwaren, den Töpfer- und Schmiedearbeiten reiste die Kunde von dieser Stadt, ihren wechselnden Herrschern von Almoraviden über Almohaden und Saadier, ihren Farben, ihrem Labyrinth und ihrer majestätischen Lage vor den schneebedeckten Gipfeln des Atlasgebirges nach Europa.

Ein Glücksfall ist, dass die Neustadt während der Zeit des französischen Protektorats abseits des historischen Zentrums entstand. Die Altstadt blieb weitestgehend unangetastet, die Abrissbirne nur eine theoretische Bedrohung.

Nicht für den Straßenverkehr der Moderne gebaut: Die meisten Gassen der Medina von Marrakesch sind viel zu schmal für Autos. Enge Torbögen verhindern die Einfahrt. Wer tiefer in die Stadt vordringen will, muss seinen Wagen abstellen und zu Fuß gehen. Das war zum Zeitpunkt dieser Aufnahme Anfang der 1950er Jahre nicht anders als heute.

Strenge Vorschriften deckeln heute die Gebäudehöhen und geben den Rot-Ton des Lehms von Marrakesch als Fassadenfarbe selbst für Neubauten vor. Bereits 1985 wurde das historische Zentrum zum Unesco-Welterbe erklärt – lange bevor diese Auszeichnung durch ständige Ausweitung der Liste nach den Kriterien globalen Polit-Proporzes entwertet wurde.

Wann diese Stadt anfing, Fremde über die reisenden Händler hinaus wie magisch anzuziehen und manchmal auch wieder abzustoßen, weil ihnen alles zu viel wurde? Das Gewirr der Gassen. Die Musik. Die vielen Hände, die sich nach einem ausstreckten, an der Kleidung zupften, am Arm festhielten. Die Farben, Gerüche, Geräusche. Es gibt nicht den einen Tag, das eine Jahr, wo das geschah und alles seinen Anfang nahm. Aber es wurde mehr. Es multiplizierte sich, als unter den Reisenden Menschen waren, die das Bild, das Marrakesch abgibt, intensiver als andere hinaus in die Welt trugen.

Ring aus Lehm: Eine Schafherde zieht auf dieser Aufnahme aus den 1950er Jahren an der Stadtmauer von Marrakesch vorbei, die auf das 12. Jahrhundert zurückgeht. Neun erhaltene alte Tore öffnen den Weg hinein.

Messer im Rücken:
Vor Hitchcocks Kamera geschah der Mord, den das Drehbuch von »Der Mann, der zuviel wusste« für diesen Moment vorsah. Doris Day – in der Bildmitte – und James Stewart – rechts daneben im grauen Anzug – erschraken weisungsgemäß. Gedreht wurde 1955 kurz vor Beginn des Fastenmonats Ramadan mitten in Marrakesch.

VON STIMMEN BEWOHNTE LEUCHTTÜRME

Elias Canetti hat bis heute seinen Anteil daran. Sein Bestseller »Die Stimmen von Marrakesch« ist eine Liebeserklärung an das Fremde, eine Ode an die Neugierde, an das Wundernkönnen und Fragendürfen, ans unbefangene Herumtasten in einer gänzlich anderen Welt, ohne irgendetwas vom Gesehenen von vornherein zu verurteilen. Alles darf bei ihm sein, wie es ist. Die Minarette beschrieb er als Leuchttürme, die von einer Stimme bewohnt sind. Den Gesichtsausdruck der Kamele verglich er mit dem würdevoller und zugleich gelangweilter englischer Damen, die zusammen Tee einnehmen. Die Märchenerzähler beschrieb er als Leute, deren Worte von weiter herkommen und länger in der Luft hängen als die gewöhnlicher Menschen.

1968 erschien sein Buch über diese Reise, die bereits 1954 stattgefunden hatte. Vieles ist noch immer beim Alten geblieben zwischen Bab Aguenaou, Bab Rhemat, Bab Ailen und Bab Doukkala, den Toren in der gewaltigen und ursprünglich zwölf Kilometer langen roten Mauer, die diese Stadt umgibt und auf deren Türmen noch immer Störche nisten. Und Canetti war nicht der Einzige, der dem Leben in Marrakesch eine literarische Bühne bot. Peter Maynes Buch »Ein Jahr in Marrakesch« erschien bereits 1953 erstmals und wurde seitdem viele Male und in etlichen Sprachen neu aufgelegt.

Der andere, der Marrakesch ins Bewusstsein der Welt gerückt und dafür nun das Kino genutzt hatte, war Alfred Hitchcock. 1955 kam er aus Hollywood, hatte Doris Day und James Stewart im Schlepp. Er stieg im schon damals legendären Hotel La Mamounia in der Avenue Bab Jdid ab und drehte mit ihnen »Der Mann, der zuviel wusste«. Sie waren in Eile, denn offizielle Stellen hatten ihnen geraten, unbedingt vor Beginn des Fastenmonats Ramadan mit den Dreharbeiten vor Ort fertig zu sein. Man könne sonst für nichts garantieren, und es würde schwierig werden, hungrige Menschen in Schach zu halten, wenn andere tagsüber essen und trinken und rauchen und drehen und Statisten herum-

Die Bleibe der Berühmtheiten: Wer Rang und Namen hatte und nach Marrakesch kam, fuhr beim »La Mamounia« vor und stieg in diesem 1922 eröffneten Haus ab, das zeitweilig als bestes Hotel Afrikas gefeiert wurde. Nach mehrjähriger Schließung und Generalüberholung eröffnete es 2009 wieder.

kommandieren würden, während sie darben mussten. Zudem fiel der Ramadan, dessen Termin sich am Mondkalender orientiert und somit durchs Jahr wandert, im Produktionsjahr 1955 auf den heißen Juni. Den Leuten aus Kalifornien blieb so nur wenig Zeit für ihre Arbeit vor Ort. Sie machten Tempo – und schafften es knapp. Ihr Film zählt heute zu den Klassikern des Hollywood-Kinos – obwohl die Dialoge vor dem Hintergrund jetziger Wahrnehmungsgewohnheiten statisch, fast holzschnittartig sind und sich diese Steifheit bis ins Spiel der Hauptdarsteller hinein fortsetzte.

BÜHNE FÜR EINEN MESSERMORD

Marrakesch selber kam nicht sonderlich gut weg in der Hitchcock-Inszenierung. Es bot die fremdartig anmutende Bühne für einen Messermord nach siebenundzwanzigeinhalb Filmminuten und bald darauf für eine Kindesentführung, ehe sich die Handlung nach London verlagerte und in einem vereitelten Attentat während eines Konzertes in der Royal Albert Hall kulminierte: wahrlich keine Fremdenverkehrswerbung, kein Marketing-Erfolg für die Stadt. Aber dieser Film brachte sie ins Gespräch. Er zeigte auf, wo sie lag und wie sie aussah: eine Stadt, von der die meisten der Kinobesucher kaum je zuvor gehört hatten. Sie bekam beim Massenpublikum in Europa und Nordamerika einen Namen und ein erstes Gesicht, als das Reisen gerade neu erfunden wurde und sich mehr denn je und über die Ränder der jeweiligen Kontinente hinweg zu einer Breitenbewegung entwickelte. Entdeckenfahren war nicht mehr Privileg einer kleinen Oberschicht oder von weltenbummelnden Ausreißern. Es rückte für immer mehr Menschen einen Urlaub lang in den Bereich des Möglichen – sogar, vom Kino auf eine Idee gebracht zu werden, der Film-Crew nachzureisen und nach Marrakesch zu fahren.

Immerhin machten sich die Hollywood-Leute die Mühe, anders als 13 Jahre zuvor beim ebenfalls in Marokko angesiedelten Welterfolg »Casablanca«, tatsächlich vor Ort zu drehen, statt den einfacheren Weg zu gehen und alles mal eben im Studio in Burbank nachzubauen und Außenaufnahmen lediglich im kalifornischen Van Nuys und in Flagstaff in Arizona anzusetzen.

Hitchcock war damals bereits ähnlich bekannt wie seine Stars. Und so fuhren von vornherein Reporter mit, berichteten von den Dreharbeiten. Marrakesch war plötzlich ein Name, auf den man nicht nur im Kino, sondern auch in Zeitungen und Zeitschriften vermehrt stieß. Der Rest war ein Selbstläufer, denn was diese Augen- und Ohrenzeugen aus der Fremde zu berichten hatten, was sie schrieben oder erzählten, hatte sie selber jedes Mal gepackt. Und genau so vermittelten sie es. Weil es hier mehr gibt, was einen verwundert, verblüfft, beeindruckt, erregt, erschreckt, was einen irgendwie mehr berührt als die Sinne zugleich zu erfassen vermögen, hat diese Schnittstelle der Kulturen Afrikas, Arabiens und Europas keinen Berichterstatter teilnahmslos sein lassen.

Lebt vom gewissen Grusel der Umstehenden – und mehr noch von ihrem Trinkgeld: ein Schlangenbeschwörer auf dem Platz Djemmaa el-Fna.

FEUERWERK AN SINNESREIZEN

Wer in Bildern dachte, in bewegten zumal, war fasziniert. Und Hollywood bekam, ganz nebenbei, ein neues, ein fremdes Ferienziel: Die Stars, die nun in ihrer Freizeit herreisten, fanden sich in guter Gesellschaft wieder. Winston Churchill, britischer Premierminister von 1940 bis 1945 und nochmal von 1951 bis 1955, war Stammgast im 1922 zunächst mit 100 Zimmern eingeweihten und über die Jahre mehrfach erweiterten Hotel La Mamounia, residierte dort immer wieder in einer Suite und trat gelegentlich zum Aquarellieren in den großen, geschützten Garten der Anlage hinaus. Er fand hier Inspiration für die Lieblingsbeschäftigung seiner Freizeit – und geizte nicht mit seiner Begeisterung. US-Präsident Roosevelt gegenüber hat er bereits 1943 sogar behauptet: dieses Marrakesch sei »der schönste Ort auf der ganzen Welt«.

Von denjenigen, die damals in dem Hotel beschäftigt waren und Leute wie Hitchcock, Stewart und Day hier erlebt hatten, sind mittlerweile alle in den Ruhestand getreten. Oder bei den vielen An- und Umbau-Maßnahmen aus Versehen mit hinausrenoviert worden. Die Alten sind zurückgegangen in die Dörfer der weiteren Umgebung, aus der sie stammten und von wo aus sie einst in die Stadt gezogen waren, um den Lebensunterhalt ihrer Familien zu verdienen. All die Pagen, Rezeptionisten, Kellner, Reinemachekräfte, die Köche, Gärtner, Bademeister. Wer jetzt von damals erzählt, weiß es nur noch vom Hörensagen: dass Hitchcocks Zigarren gestunken haben und er kaum Trinkgeld gegeben haben soll. Und dass Doris Day eine nette Frau gewesen sei und viel gegeben habe. Offenbar bleiben die wesentlichen Details im Gedächtnis – sogar in dem der nachfolgenden Hotelpagen-Generation, die im Stille-Post-Verfahren davon erfahren hat.

Alfred Hitchcock hat dieser Stadt ein zweites filmisches Denkmal hinterlassen – diesmal indirekt und ohne es kenntlich zu machen: Während seines Aufenthaltes im La Mamounia soll er stets auf dem Balkon gefrühstückt haben – und fasziniert gewesen sein von den Spatzen, die immer zahlreicher wurden und immer mutiger und dreister, wenn es darum ging, seine Croissant-Krümel erst nur vom Fußboden, dann auch vom Tisch, zum Schluss sogar vom Teller zu picken. Sechs Jahre später, im Frühjahr 1962, drehte er »Die Vögel«. In Kalifornien.

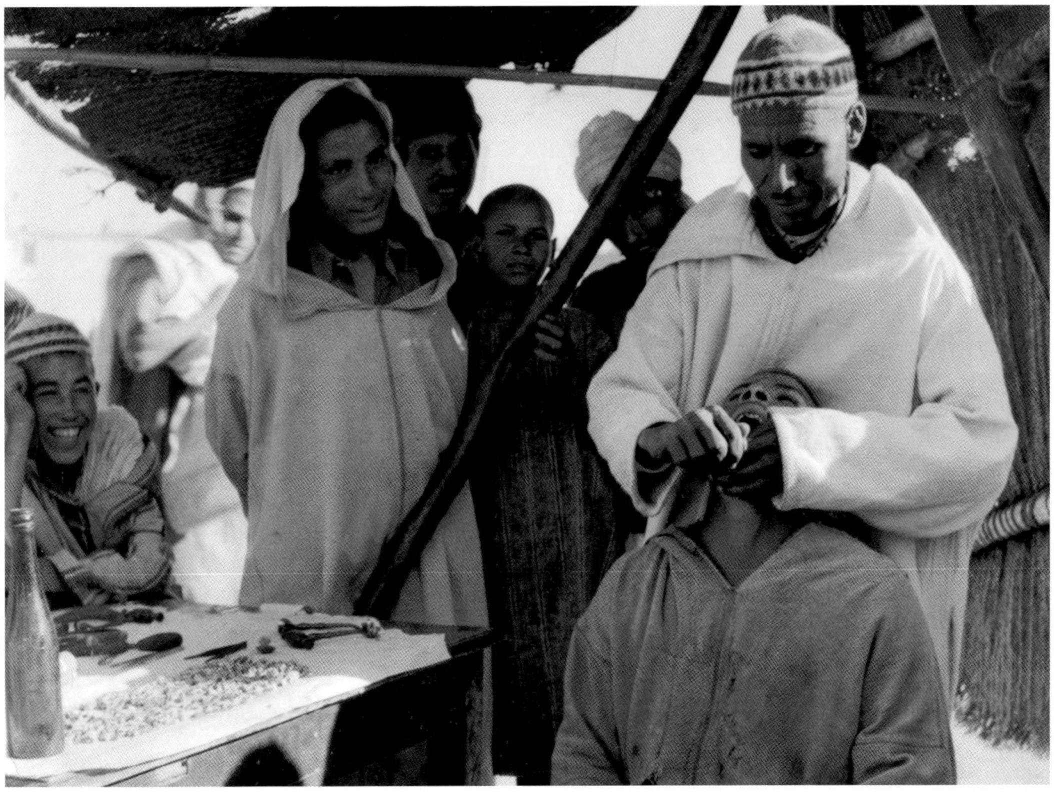

Bei der Wurzel gepackt: Bis in die Gegenwart hinein ließen sich Menschen auf dem Djemmaa el-Fna von entsprechenden Spezialisten ohne Betäubung und unter den neugierigen Augen der Umstehenden Zähne ziehen. Diese Aufnahme entstand 1947. Wer heute dort in ähnlicher Kulisse steht, verdingt sich vorrangig als entgeltlicher Fotopunkt, nicht mehr als wirklicher Gebiss-Klempner.

EINE DIVA VOR DER WIEDERENTDECKUNG

Um die Königsstadt zu Füßen des Hohen Atlas wurde es wieder ruhiger. Der Gästestrom aus Übersee ebbte ab, Marrakesch war irgendwie aus dem Fokus geraten – bis sich herumsprach, dass Yves Saint Laurent eine Villa im Palmeraie-Viertel außerhalb der Altstadt gekauft hat, dort viel Zeit verbringt und Inspiration für seine neuen Kollektionen aus dem Alltag in Marokko gewinnt. Und dass weitere Kreative, ein paar Reiche, ein paar mehr oder weniger Prominente – viele von ihnen Franzosen – nach und nach gefolgt sind und dort ebenfalls Häuser und große, stille, kaum einsehbare palmenbewachsene Grundstücke erstanden haben.

Als die Studio-Bosse sich daran erinnerten, wie preiswert sich in Marokko drehen ließ, wie leicht die Landschaft schon 100 Kilometer südlich von Marrakesch das Palästina der Bibel ebenso doubeln kann wie das Reich Alexanders des Großen oder das Rom des »Gladiators«, rückte die Stadt zurück in den Blickpunkt der Hollywood-Leute. Die ideellen Erben Hitchcocks haben ihre Sets in Ait Benhaddou und Ouarzazate im Süden, wohnen wie er im Mamounia – sofern es nicht gerade mal wieder wegen Renovierung geschlossen und in gewissem Schönheitsschlaf versunken war.

AUSLÄNDER ALS IMMOBILIEN-JÄGER IM LABYRINTH

Die Stadt wächst inzwischen rasant, bekommt immer neue Vororte, Appartementhäuser, Villenviertel, bringt es alles in allem auf über eine Million Einwohner. König Mohammed VI. hat strenge Vorschriften erlassen, denen das Wachstum seiner Lieblingsstadt unterworfen ist. Hoheit möchte kein Manhattan mitten in Marokko,

Auf drei Rädern in die Stadt gelangen – und mit Ersatzreifen auf dem Heck: Mini-Taxis wie dieses waren in den 1950er Jahren in vielen marokkanischen Städten unterwegs. Sie waren die schnellere und luxuriösere Alternative zum Bus.

keine verspiegelten Paläste. Hoheit möchte das Gesicht seiner schönsten Stadt wahren – und sie prosperieren sehen.

Etwa 50.000 Euro hat ein Hektar exzellentes Bauland in Zentrumsnähe kurz nach dem Jahrtausendwechsel gekostet. Gut fünf Jahre später mussten Investoren bereits mehr als das Fünffache für so ein Grundstück hinblättern, und fast alle Einheimischen können finanziell längst nicht mehr mithalten.

Seit nach dem inzwischen verstorbenen Yves Saint Laurent nun auch Madonna, Mick Jagger, Alain Delon, Richard Branson und Isabelle Adjani ein paar Wochenenden des Jahres im Eigenheim irgendwo in der »Roten Stadt« aus Lehm, Mörtel und Farbe verbringen, sind die Immobilienpreise weiter in den Himmel geschossen. Marrakesch ist teuer geworden. Ausländer kaufen vieles von dem auf, was neu gebaut wird – oftmals lange bevor es fertiggestellt ist. Und sie stehen Schlange, wenn gut erhaltene Häuser in der Medina zu haben sind. Franzosen und Engländer sind es vor allem.

Unter den Hauskäufern ähnlich wie unter bloßen Urlaubern gibt es dabei zwei grundsätzlich verschiedene Menschenschläge: Die einen meiden die Medina möglichst, würden nie in der Altstadt wohnen wollen, nie dort ihr Erspartes investieren. Wenn, dann möchten sie viel lieber Palmen ums Haus herum haben, großen Garten, Pool, hohen Zaun. Und eine Schranke an der Grundstückszufahrt. Die anderen wollen genau das Gegenteil: mitten hinein, auf engem Raum Altes erleben, es wiederbeleben, nicht nur eine Adresse in dieser Stadt auf den Briefbogen drucken können, sondern dieses Marrakesch bei jedem Schritt vors Portal spüren. Und womöglich ein Fußballspiel auf wenigen Quadratmetern vor der eigenen Haustür erleben.

Aus unterschiedlichen Motiven vollständig verhüllt: verschleierte Marokkanerin vor einem geparkten Auto, über dessen gesamte Karosserie zum Schutz vor einem Sandsturm eine Abdeckung gespannt wurde.

FUSSBALL AUF ZWÖLF QUADRATMETERN

Jeden Nachmittag kommen sie und kicken. Sie bleiben bis spätabends, bolzen im Schein der alten Laternen, feuern sich gegenseitig an, dribbeln den Ball durch die sandige, graue Sackgasse, als ginge es um den Weltmeister-Titel. Sechs, sieben Jungs sind es jedes Mal, und manchmal schaut ein Mädchen zu. Teams gibt es nicht. Jeder spielt mit jedem, jeder gegen jeden. Mahmut gegen Ahmed, Said gegen Ezzedine und all die anderen. Ballbesitz zählt – und der Schuss auf die Hauswand, die viele hundert Flanken lang das Tor doubelt. Zwölf Meter lang, keine zwei Meter breit – das ist ihr Spielfeld an diesem Nachmittag. Es ist die Gasse in der Medina von Marrakesch, die zur Haustür eines Riad führt, eines jener traditionellen Gebäude mit Innenhof, die bei den Ausländern so begehrt sind. Auch dieses gehört längst Europäern. Sie hören nichts von den Fußballspielern, müssten aufs Dach steigen, um etwas davon mitzubekommen. Die Wände der Rue Derb Jdid im Viertel Douar Graoua schlucken jedes Geräusch, die Torschüsse, allen Jubel. Sie steht sinnbildlich für viele Gassen, in denen es sich nicht anders verhält. Es sind dicke Wände, jahrhundertealt, aus Lehm und Sand und ein paar handbemalten Fliesen. Fenster zur Straße gibt es nicht. Alles Licht, jedes Geräusch dringt ausschließlich vom Innenhof in die Räume, alle Türen, alle Fenster wenden sich der viereckigen Mitte des Hauses zu.

Die Bewohner der Medina von Marrakesch führen seit jeher kein Leben für die Nachbarn, keines für die Öffentlichkeit. Die Architektur verhindert es. Die Außenmauern sind mehr als einen Meter dick. Der Innenhof ist Garten, Balkon, Terrasse. Und er ist Wohnzimmer. Die Haustür ist meist unscheinbar. Herrschaftliche Häuser in der Altstadt sind deshalb von der Gasse aus kaum als solche erkennbar. Von innen sind sie ein orientalischer Traum – mit großen Fenstern zum Hof hin, mit kleinen Brunnen, prachtvollen Lampen, einem Meer aus Kerzen, Zimmern mit dunkelroten Wänden, hellblauen Korridoren. Etwa 750 solcher Wohnhäuser gibt es im historischen Zentrum von Marrakesch insgesamt – etwa zwei Drittel davon sollen bereits in ausländischem Besitz sein.

Den Zauber unterstreichen: Lichtstrahlen dringen durch den unregelmäßigen und oft reparaturbedürftigen Sonnenschutz über einer Gasse im Souk von Marrakesch.

KEIN INTERESSE AN AUSSENWIRKUNG

Medina-Paläste in dieser Stadt sind einzig dem Wohlgefühl der Bewohner gewidmet, nicht eitler Außenwirkung. Sie tarnen sich, sind hinter geradezu demonstrativer Unscheinbarkeit verborgen. Außenwirkung gilt hier nichts. Wohlstand definiert sich nicht darüber, dass die anderen ihn sehen. Das ist nur dann anders, wenn es ums Himmlische geht: Moscheen erkennt man, Koranschulen nimmt man wahr. Am filigranen Kunsthandwerk, an straßenseitiger Schönheit, an ihren Arabesken. Und oft auch an ihren unverkennbaren Dimensionen, ihren zur Schau gestellten Formen. Sie sind das Gegenteil der weltlichen Wohnsitze.

Wer aber aus einem der stillen Riads hinaus vor die Tür tritt, merkt plötzlich wieder, dass es in der Altstadt mehr Geräusche gibt als das nächtliche Trommeln, dessen Klang der Wind vom Gauklerplatz herüberträgt und über den Innenhöfen fallen lässt: das Hufklappern der Maultiere, die vor die Fuhrwerke gespannt sind, das Knattern von Motorrädern. Dazu das ewige Surren des Schiffchens auf den Webstühlen nebenan wie ein Windhauch im Laubwald, das Tackern des Keils von Künstlern, die Kupferteller eilig mit Ornamenten versehen, eine Straßenbiegung weiter Arab-Techno aus Musikboxen gegen traditionelle Gesänge aus alten Kofferradios.

Den Schuhmachern bei der Arbeit zuschauen: Auf den ersten Blick hat sich wenig verändert, seit dieses Bild in den 1940er Jahren aufgenommen wurde. Tatsächlich gibt es solche Schuster dort noch immer, doch die Mehrzahl der Schuhe im Sortiment stammt inzwischen aus Fabriken, die billigsten aus Fernost.

Wer heraustritt und diese paar Schritte macht, der merkt, dass es Gerüche gibt – den nach frischem Brot aus den Öfen der Quartiersbäckereien der Medina, nach tausenderlei Früchten und Säften, den Gestank frisch gegerbter Felle sogar, die Süße eines heruntergefallenen und zerbrochenen Flakons voller Parfum. Diese Stadt hat alles, ist alles, steckt voller Leben.

Mopedfahrer zirkeln nun in nicht viel mehr als Schritttempo durch die Gassen, schrammen millimeterbreit an den aufs Pflaster hinausragenden Auslagen der Geschäfte vorbei, an den Taschen der Kauflustigen, den Füßen der Passanten, an Eselsfuhrwerken und Maultieren. Dass sie berührungsfrei aneinander vorbeikommen, muss Zauberei sein. Und immer, wenn sich vor einem neuen Engpass ein Knoten aus Menschen und Tieren und Fahrzeugen bildet und nichts mehr zu gehen scheint, hat sich alles schon wieder aufgelöst und spült weiter.

DAS ENDE DES SPIESSRUTENLAUFS

Noch Ende der 1990er Jahre wäre so etwas undenkbar gewesen: Als Ausländer durch die Altstadt von Marrakesch zu gehen, war ein Spießrutenlauf, ein Ziehen und Zerren, ein Losreißen und Schimpfen, das an jeder Gabelung von Neuem begann. Die Händler waren aufdringlich, galten als die lästigsten Marokkos. Nur eine Zauberformel half, sich von ihnen zu lösen und ihnen manchmal sogar ein Lächeln ins Gesicht zu hexen: »Ana Marrakshi, mon ami« – »Ich bin Einheimischer, mein Freund«, die Umschreibung für »Ich wohne hier, lass mich passieren«.

Inzwischen ist das anders. Marrakesch ist ein bisschen moderner geworden, viel sauberer, viel gemächlicher, gar nicht mehr aufdringlich.

König Mohammed VI. ist verantwortlich dafür. Er schickte viel Polizei durch die Gassen, ließ in jeder Hinsicht sauber machen, ordnete hartes Durchgreifen gegen Nepper und Schlepper an, wollte seine Königsstadt zum Vorzeigeobjekt für alle Fremden machen. Er versprach den Händlern, dass sie schnell mehr davon hätten – und behielt recht.

Es war notwendig zu handeln, denn zwischenzeitlich war der Ruf Marrakeschs so schlecht geworden, dass die Fremden ausblieben, die Hotels nicht mehr gut ausgelastet waren, Touristenführer, Gastwirte und Händler den Umsatzeinbruch zu spüren bekamen. Mohammed VI. erließ Vorschriften, wonach fortan nur noch staatlich lizensierte Guides Fremde durch die Medina begleiten durften, nicht mehr die vielen selbsternannten und am Ende stets enorm gebührenpflichtigen »Freunde« und »Begleiter«. Den vielen lästigen Pseudo-Guides ebenso wie den Basarkrämern war von einem Tag auf den anderen nicht einmal mehr gestattet, Touristen anzusprechen. Wer gegen die von einer Heerschar Zivilpolizisten durchgesetzten Vorschriften verstieß, kam für einen Tag und eine Nacht ins Gefängnis und musste eine Geldstrafe in Höhe eines Handwerker-Monatslohns entrichten. Wer ein zweites Mal erwischt wurde, hatte einen Jahreslohn zu zahlen und landete dessen ungeachtet zusätzlich für zwei Monate im Gefängnis. Die rigorosen Vorschriften und ihre harte Durchsetzung zeigten die erhoffte schnelle, gründliche und vor allem auch anhaltende Wirkung. Der für Marrakesch so wichtige Tourismus erholte sich wieder.

DIE VERHÄLTNISSE UMGEKEHRT

Heute haben sich die Verhältnisse eher umgekehrt. Viele Fremde möchten zum Beispiel den Tuchhändler Abdallah Ben Amar zwischen seinen Stoffballen fotografieren, aber er mag nicht und entschuldigt sich ein paar Mal am Tag dafür. Er sei alt, keine Spur fotogen. Jetzt nicht. Schluss. Früher ließ er sich knipsen, wollte nicht mal Geld dafür. Was er nicht ahnt: Es ist schön, das Leben in seinem Gesicht zu sehen.

»Du verläufst Dich als Fremder immer«, sagt der über Siebzigjährige, nachdem alle Kameras bis zum nächsten Ansturm abgewehrt sind. »Du musst hier geboren sein, um Dich nicht zu verlaufen.« Er lächelt. »Aber inzwischen kannst Du hier entspannt spazieren gehen. Keiner wird Dich belästigen, mancher wird Dir helfen.«

Vor weniger als zwei Jahrzehnten noch heuerten einheimische Reiseführer ebenfalls einheimische Schläger an, ehe sie Touristengruppen durch die Basare führten und ließen Taschendiebe und nebenbei auch allzu zudringliche Händler mit Stockhieben vertreiben. Das ist Vergangenheit. Zum Glück. Beides passte nicht zur Würde dieser Stadt – nicht das Ziehen und Zerren, nicht das Stoßen und Schlagen.

In der Nacht, wenn auf dem Platz Djemmaa el-Fna Hochbetrieb herrscht, sind die Fußballer in der Rue Derb Jdid und den anderen Sackgassen lange verschwunden. Nur Ezzedine und das Mädchen sind diesmal noch da. Sie sitzen auf dem Boden, eng beieinander, plaudern leise. Und sie sagen »Bonsoir, bonne nuit« zu den Fremden, die ihr Stadion durchschreiten und am Ende der schmalen Straße die Haustür aufschließen. Früher wären sie hinterhergelaufen, hätten »Donnez-moi-un-stylo« geplappert und von den Fremden mindestens einen Kugelschreiber geschenkt bekommen wollen. Die Zeiten haben sich geändert in Marrakesch. Zum Vorteil. Wie schön, dass trotzdem vieles geblieben ist.

Den Himmel reflektieren:
Die Menara-Gärten von Marrakesch mit ihrem Wasser-Bassin und dem grün eingedeckten Pavillon sind ein Ort zumindest gewisser Ruhe und der Kontrast zum hektischen Treiben im Basar.

Farbe.

Farbe.

vorausgegangene Doppelseiten
Ein Handwerk, das seine Glanzzeiten hinter sich hat – und dennoch weiter praktiziert wird: In der Altstadt von Marrakesch arbeiten die Färber und tauchen unbehandelte Stoffe in die mit Flüssigkeit gefüllten Kessel. Später werden die Bahnen ausgewrungen und zum Trocknen über die Gassen gespannt. Jeder denkbare Farbton ist möglich – ebenso wie bei den Pantoffeln, die in winzigen Basarläden jeden Quadratzentimeter Wand ausfüllen.

Fein gearbeitet, filigran verziert: Aus solchen Gläsern wird der erfrischende Minztee getrunken. Serviert wird er frisch aufgegossen, entsprechend heiß und zudem stark gesüßt.

In Orange tropft es auf den Pfad zwischen den Häusern. Es regnet in Gelb, in Rot. Auf durchhängenden Leinen von Haus zu Haus trocknet hoch über dem Pflaster der Gassen des Färberviertels die Wolle, und Menschen laufen Slalom um die triefende Farbe. Eine Biegung weiter sind es Stoffbahnen, die den Himmel in Violett verkleiden und die oberen Stockwerke unsichtbar werden lassen. Gleichwohl, manches davon ist inzwischen nur noch Dekoration, denn die Zahl der Färber in der Medina ist über die Jahre spürbar zurückgegangen. Die Übermacht der Industrie hat diese Zunft niedergerungen. Künstliche Färbemittel haben weitgehend ersetzt, was hier bis dato aus mit Beize versetzten Naturprodukten nach alten Rezepturen angerührt wurde, um jene leuchtenden Töne gleich darauf in lauwarm gehaltenen Kesseln auf die Stoffe zu zaubern.

Im Schein von Öllampen werkeln ein paar Gassen weiter noch immer Tischler in winzigen Werkstätten, stemmen Ornamente ins Zedernholz. Schmiede schlagen in fensterlosen, rußgeschwärzten Kammern auf glühendes Metall ein und schwitzen, als räucherten sie sich selbst. Weberfamilien hocken in ihren Häusern und fabrizieren edle Tücher so wie ihre Urgroßeltern es taten, während ein paar Türen weiter ein Transistorradio arabische Schlager über die Schulter eines Schneiders ins Mittelalter hinauskrakeelt.

LABYRINTH AUS GESTAPELTEN SCHACHTELN

Wie seit Hunderten von Jahren brandet der Alltag durch das Netz schmaler Schneisen im unüberschaubaren Häuserdschungel, durch verschlungene Pfade, die so zufällig verlaufen, als hätte der emsige Menschenstrom immer wieder neue Gassen durch den Stein herausgewaschen. Die Leute schwappen vom Vormittag an bis in die Nacht durch ein Meer aus Farben – längst nicht nur dort, wo aus gefärbten Stoffen und Häuten gefertigte Decken oder Jacken, Schuhe oder Hemden verkauft werden. Die Trinkgläser mit ihren getönten Rändern und farbig eingearbeiteten Ornamenten sind es, die leuchten – ebenso die Schläuche der Schischas, der längst in Fernost gefertigten Wasserpfeifen, anderswo die Teppiche, die aus Leder genähten Sitzkissen, die Kerzen, die sattroten Filzhüte der Männer. So dunkel manche Gasse mit ihren aus Stroh und Holz zur Abwehr der Sommersonne improvisierten Straßendächern ist, so farbintensiv sind vielfach die Auslagen.

Die Souks von Marrakesch gelten als die größten des Landes – und als übersichtlicher als etwa die von Fes. Denjenigen, die sich hier verlaufen, ist das wenig Trost. Heraus kommt jeder irgendwann wieder, aber auf kurzem Weg zum Ziel gelangt nur, wer in diesem Labyrinth zuhause ist.

KUNSTVOLL ARRANGIERTE GEWÜRZ-PYRAMIDEN

Die Farbenpracht setzt sich fort bis hin zu den Lebensmitteln, wo im Souk der Gewürzhändler allerlei Getrocknetes, Zerhacktes oder Feingemahlenes zu kunstvoll arrangierten Pyramiden geschichtet ist: in allen nur denkbaren Brauntönen, in Grün, in Gelb und wieder in Orange.

Der Fernseher hoch über den Spiegeln an der Wand eines winzigen Friseursalons mit giftgrün getünchten Wänden in der Medina zeigt unterdessen gerade Fußball. Der Frisierte bekommt Genickstarre, und der Friseur selber kann vermutlich auch nicht mehr ganz für sein Werk garantieren. Oft schnappt die Schere ins Leere, und der Blick des Barbiers richtet sich auf die Mattscheibe, wo gerade die Wiederholung eines Spiels der marokkanischen Nationalmannschaft gegen Ghana läuft. Auch das gehört zum Alltag in der Medina.

Silbern oder golden und stets hochglanzpoliert: Teekannen in einem Basarladen, der darauf spezialisiert ist. Die Formen sind vielfältig, und es wird hier erwartet um den Preis für so ein kleines Kunstwerk zu feilschen.

Längst in Fernost gefertigt und mit grell-bunten Plastikschläuchen versehen: Wasserpfeifen, die Schischas, sind inzwischen zu beliebten Mitbringseln avanciert. Bei den teureren Exemplaren sind die Gefäße von Hand bemalt.

Sitzen, sinnieren, reflektieren – und den Alltag vorbeiziehen sehen: So hektisch der Basar auf den ersten Blick wirkt, so entspannt kann es dort zugehen. Und je gehobener das Angebot, desto ruhiger hat es der Händler. Was sich auf der Grenze zwischen Gebrauchsgegenstand und kleinem Kunstwerk bewegt, wird nicht im Vorbeigehen verscherbelt.

Ortsgebunden: Wer es als Kaufmann zu etwas gebracht hat, betreibt einen eigenen Laden in der Medina – meist klein, manchmal jedoch über mehrere Etagen, wobei die Obergeschosse nicht der Laufkundschaft, sondern oft erst den Interessierteren offenbart werden.

Mobil: Die Fliegenden Händler mit ihren Karren sind immer dort, wo am meisten los ist – und machen doch nur geringen Umsatz, verkaufen Obst, Gemüse, Getränke, Kleinigkeiten. In der Händler-Hierarchie sind sie ganz unten angesiedelt.

40
CURCUMIN
40
PAPRIKA
70
GINGEMBRE

vorausgegangene Doppelseite
Zu Bergen getürmt, wovon vor allem die Kinder träumen: Farblich durchwandert das Gebäck in den Auslagen der Medina-Pâtisserien oder -Bäckereien sämtliche denkbaren Brauntöne. Fast immer zieht es klebrige Fäden, stets ist es pappsüß.

Zu Pyramiden geformt: allerlei Gemahlenes, Zerstoßenes oder Kleingehacktes im Gewürz-Souk von Marrakesch. Vieles vom Angebot in der Medina richtet sich noch heute allem Tourismus zum Trotz vorrangig an Einheimische. Die Fremden kommen fast nur zum Schauen und Knipsen in diese Gassen. Die Bewohner aber kaufen hier für ihren Alltag ein.

Himmlische Ausleuchtung der Waren: Während tagsüber viele Ausländer unter den Besuchern des weit verzweigten Basars in der Medina sind, gewinnen die Marrakshis spätestens mit Einbruch der Abenddämmerung zahlenmäßig die Oberhand.

Betrieb bis nach Mitternacht: Während des Fastenmonats Ramadan, wenn gläubige Moslems erst nach Sonnenuntergang wieder essen und trinken dürfen, verlagert sich das Alltagsleben vom Tag in die Nacht. Im Basar ist es dann so voll, als gäbe es morgen nichts mehr.

Farbe bekennen: Erst nach langem Hin und Her steht fest, welcher Preis für eine Tasche, einen Teppich, die Lederjacke oder Lampe der Wahl wirklich zu entrichten ist. Im Basar gehört das dazu – und kein Händler gewährt Einblick in seine Kalkulation. Außenstehenden bleibt immer ein Zweifel, ob er gerade gut verdient hat oder an die Schmerzgrenze geraten ist.

HAMRA

Orientalische Farbenvielfalt:
Die Marokkaner lieben satte Töne und klare Formen. Pastell und Gold liegt ihnen ebenso wenig wie allzu Verspieltes – ganz anders als etwa den Arabern am Golf, bei denen man jedem Gegenstand seinen Wert ansehen muss und Außenwirkung entscheidend ist.

vorausgegangene Doppelseite
Vorratshaltung auf engstem Raum: Im Hinterzimmer eines Basar-Ladens sind Berge dünner Teppiche aufgetürmt – um möglichst jeder Kundenvorliebe, jedem Wunsch nach Nuance und Muster entsprechen zu können. Immer wieder erstaunt es, wie groß das Sortiment eines Geschäfts mit kaum mehr als zwölf Quadratmeter Verkaufsfläche sein kann.

Wie ein Regenbogen: Im Souk der Färber-Zunft ist Wolle zum Trocknen über der Gasse aufgehängt und tropft.

Von der Übermacht der Industrie niedergerungen: Lukrativ ist das Geschäft der Färber heute nicht mehr, die einst ihre Rezepturen aus Naturprodukten von Generation zu Generation weitergegeben hatten und heute mit der Konkurrenz der Chemieprodukte nicht mehr mithalten können.

SOUK
DES
TEINTURIERS

Wand und Boden ungewollt mittünchen, bis aus allen Tönen wieder einer werde: Jede freie Fläche haben die Färber einst zum Trocknen ihrer Wolle und der Stoffbahnen genutzt. Diese Aufnahme ist 1955 entstanden, als das traditionsreiche Handwerk in Marrakesch noch viele Menschen beschäftigte.

Infernalischer Gestank: Frisch gegerbte Felle riechen intensiv und unangenehm. Der üble Geruch hat sich verzogen, ehe sie gefärbt werden. Später entstehen daraus Taschen, Schuhe und Jacken.

»Rote Stadt« zu Füßen der Gipfel des Atlas-Gebirges: Ihren Beinamen verdankt Marrakesch der Tatsache, dass viele der alten Gebäude aus leuchtend rotem Lehm errichtet wurden. Neues wird heute im selben Ton gestrichen – und von der Kluft der Passanten ein paar Sekunden lang kontrastiert.

Farben, die nicht für immer halten: Der satte Ton wird aus den Blättern des Henna-Strauches gewonnen und mit Pinsel oder Griffel auf die Haut aufgetragen. Die Malereien verblassen im Laufe der Zeit. Nach zwei bis sechs Wochen sind sie wieder verschwunden.

Im Reich der Reflexionen: Intensive Fliesen- und Wandfarben sind das eine. Doch immer tragen Sonnenstand und Lichteinfall zu verschiedenen Tageszeiten zu den gänzlich unterschiedlichen Raumstimmungen in den herrschaftlichen Häusern der Medina wie hier im M'Nebhi-Palast bei.

Im improvisierten Wohnzimmer: Gemeinsam Fußball schauen kann man, wo immer ein Fernseher steht – und sei es in einem noch so kleinen Zimmer in der Medina. Technik ist da wichtiger als die Tapete. Gerade unter jungen Leuten sind TV-Gerät mit Satellitenempfang und große Stereoanlage Statussymbole.

Im Licht der Laternen: Tief in der Nacht kehrt Ruhe in der Medina ein. Die Metalljalousien der Geschäfte sind heruntergelassen, letzte Flaneure auf dem Heimweg. Anderen ist die Tageszeit gleichgültig – Hauptsache, sie haben eine Wand zum Anlehnen, ein Stück Stoff oder eine Pappe als Stuhl-Ersatz. Und Allah ist bei ihnen.

PHOTOCOPIE·FAX

vorausgegangene Doppelseite
Dem neuen Tag entgegen:
Das Leben erwacht früh in den Gassen der Medina. Zu Fuß oder per Fahrrad sind die Bewohner der Altstadtgassen auf dem Weg zur Arbeit in den Hotelküchen, den Firmen am Stadtrand oder ihren Läden hier im Zentrum. Kinder spielen in den Gassen, ehe sie sich auf den Weg in die Schule machen müssen.

Das Tempo der Welt mithalten und Anschluss ans Draußen finden: Leuchtwerbung eines Internet-Cafés und Copy-Shops in einer engen Altstadtgasse. Noch längst nicht jeder hat hier Festnetz-Telefon, noch weniger haben einen eigenen Anschluss ans weltweite Datennetz.

Auf die Farben dieser Stadt herab-
blicken: Wer auf die trocknenden Stoffbahnen über den Gassen schauen will, muss selber hoch hinaus – auf die Dachterrassen, der wie Schachteln über- und nebeneinander gestapelten Medina-Häuser zum Beispiel.

Fantasie.

29
حسن

حسن
108 32 114
HASSAN
30
10
76
11
13

Fantasie.

vorausgegangene Doppelseiten
Szenen eines Tages auf dem Gauklerplatz Djemmaa el-Fna: Es sind die Schreiber, aber auch die Märchenerzähler und Kartenleger, zu deren Geschäftsausstattung nicht mehr als ein Stühlchen auf dem Boden, ein Hocker für die Kundschaft und ein winziger Tisch gehören. Sie entfalten ihre Wirkung im Stillen und im Kleinen, während die Feuerspucker den großen Auftritt zelebrieren. Nur ein paar Schritte weiter drängen sich derweil die Menschen um die Tresen der Garküchen und lassen sich verköstigen.

Den Rhythmus nicht mehr loswerden: Der Wind verteilt das Scheppern der Schellen, das Schlagen der Tamburine auf dem Djemmaa el-Fna jeden Abend über den Dächern der Stadt und lässt es in die Höfe fallen. Im Kopf klingt all das stundenlang nach, wenn die Instrumente der Musiker längst wieder verstummt sind.

Sie sind neugierig und kommen deshalb von weit her. Sie wollen mit eigenen Augen die große Show auf dem Platz der Gaukler sehen – und mehr noch wollen sie ihren Kollegen aus einer anderen Zeit die Referenz erweisen: aus dem Damals, als es noch keine bewegten Bilder gab und man sich noch nicht in geschlossenen Räumen vor Leinwände setzte, um Geschichten zu hören. Man hockte sich aufs Pflaster und hing an den Lippen dieser Leute, lauschte den Märchenerzählern vom Djemmaa el-Fna und beobachtete jede ihrer Regungen. »Sie«, das sind die Schauspieler aus Hollywood, die nach Marrakesch gereist sind. Die Gaukler von heute besuchen die von gestern. Und sie sind froh, dass es dieses Gestern in Marokko noch gibt.

Die neugierigen Gäste aus Übersee heißen Ben Kingsley, Susan Sarandon, Martin Sheen, Sharon Stone, sie heißen Brad Pitt und Angelina Jolie, John Malkovich und Rosanna Arquette. Sie kommen zum Filmfestival von Marrakesch, das seit 2001 jedes Jahr im Spätherbst gefeiert wird, und viele von ihnen posieren für Fotografen auf den Dachterrassen der Lokale rund um den Djemmaa el-Fna.

VOM SOG GEPACKT

Die Unsicherheit dabei ist jedem in den ersten Minuten anzumerken: diese Konfrontation mit dem unkoordinierten und doch melodischen Krach der Musikinstrumente, mit den Rauchsäulen der Garküchen, dem Durcheinander der Menschen unten auf dem Platz. Ihnen geht es wie allen, die erstmals hierher kommen – und bald vom Sog gepackt werden, das Treppenhaus des sicheren Cafés fast wie in Trance herabsteigen, durch die Tür schreiten und auf jenen Platz der Fantasie gezogen werden: zu den Feuerspuckern, den Artisten, den Kartenlegern und Schlangenbeschwörern. Und zu den Märchenerzählern, deren Zunftgenossen seit Jahrhunderten allein mit ihren Stimmen, ihren Gesten und dem Rollen ihrer Augen das erfüllten, was inzwischen mit weit höherem Aufwand und größerem Personaleinsatz vielerorts das Kino übernommen hat: Bilder anlaufen zu lassen. In Wirklichkeit oder vorm inneren Auge der Anwesenden. Die Männer auf dem Platz haben offensichtlich allen Respekt der Gäste aus Hollywood.

ODE AN DIE FANTASIE

Events wie das Filmfestival, aber auch die Modenschauen mit den teils gewagten neuen Entwürfen internationaler wie marokkanischer Couturiers finden großes Echo auch außerhalb Marokkos. Nebenbei schließen Hollywood-Bosse bei solcher Gelegenheit Deals mit marokkanischen Set-Ausstattern, mit hiesigen Studio-Verantwortlichen, kommen Drehbuchautoren auf neue Ideen, beratschlagen Regisseure und Schauspieler miteinander – und wissen nach ein paar Tagen, dass sie schon bald hierher zurückkehren werden.

Martin Scorsese drehte gleich zwei Filme in der Region, Ridley Scott rief hier »Klappe und Action!«, Oliver Stone verwandelte den Garten des Mamounia-Hotels eine Einstellung lang zum Set. Auf dem Gauklerplatz bleibt der Regiestuhl derweil wie immer leer. Fast alles ergibt sich von selbst: Ob der alte Mann mit den drei zahnlosen Kobras heute Abend erscheinen wird? Wie viele Feuerspucker da sein und wie viel sie riskieren werden? Ob den Dompteuren ein Affe entlaufen, den Jongleuren ein Kegel herunterfallen wird? Wie groß der Beifall, wie hoch das Trinkgeld für die Akteure ausfallen wird? Und ob die Beute der Taschendiebe das Risiko lohnen wird, seit Polizisten in Zivil inzwischen zahlenmäßig annähernd gleich stark auf dem Platz vertreten sind? Der Zufall entscheidet. Jeden Tag, mehr noch jeden Abend von Neuem.

Ein aus Ziegenleder genähter Balg als Behälter, dazu aus Messing geformte Trinkschalen: Die traditionellen Wasserverkäufer in ihren roten Kutten sind heute nichts mehr als bloße Touristenattraktion. Die Männer verdingen sich als wandelnde Fotopunkte und verdienen daran besser als vorher. Wasser will niemand mehr von ihnen haben.

Schräg, improvisiert – und manchmal etwas schaurig: Die Musiker auf dem Gauklerplatz treffen längst nicht immer den richtigen Ton. Trotzdem kann man sich ihren Rhythmen nicht entziehen.

Mit Tönen zum Tanzen bringen: Schlangenbeschwörer profitieren davon, dass ihre Kobras oder Vipern geblendet sind, wenn sie sich aus dem Dunkel des Bastkorbes ins Tageslicht recken. Was der Betrachter für einen Tanz hält, ist vielmehr Abwehrstellung gegenüber der Flöte, die von der Schlange für einen sich hin und her bewegenden Rivalen gehalten wird.

Nicht jedermanns Sache: Schlangenbeschwörer gehören untrennbar zum Djemmaa el-Fna. Jugendliche machen sich einen Spaß daraus, Fremden Reptilien um den Hals zu legen und einen Obolus fürs Entfernen zu kassieren.

Aus sicherer Distanz: Mode-Designer Yves Saint Laurent verfolgte auf dieser Aufnahme aus dem Jahr 1972 mit respektvollem Abstand die Darbietung des Schlangenbeschwörers. Der französische Couturier gehörte zu den ersten Prominenten, die sich Marrakesch als Zweitwohnsitz auserkoren hatten.

vorausgegangene Doppelseite
Stadt der Kontraste: Schon immer galt Marrakesch als vergleichsweise weltoffen und tolerant. Seinen Ursprung hatte das in der Tradition als Handelsstadt, in der seit jeher die unterschiedlichsten Kulturen aufeinander trafen. Streng verschleierte Frauen gehören zum Straßenbild, freizügige Modenschauen mit Strahlkraft über Marokkos Grenzen hinaus inzwischen in den Veranstaltungskalender. Gleichwohl regen sich Proteste Strenggläubiger gegen solche Bademoden-Präsentationen.

Orientalische Traditionen fürs westliche Kino-Publikum interpretiert: Nastassja Kinski am Set des Filmes »Harem« in einem Hamam. Regie führte bei der Produktion von 1984 der Franzose Arthur Joffé. Die männliche Hauptrolle spielte Ben Kingsley, der kurz zuvor für »Gandhi« einen Oscar bekommen hatte.

Schaulaufen der Regie-Stars: Beim Internationalen Filmfestival von Marrakesch geben sich jedes Jahr die führenden Kino-Schaffenden der Welt die Klinke in die Hand. Martin Scorsese (oben) drehte gleich zwei Filme in der Region, Kollege Roman Polanski saß 2006 der Jury vor.

Bekanntes Gesicht auch in Marrakesch: Oscar-Preisträger Sir Ben Kingsley posierte auf einer Terrasse oberhalb des Gauklerplatzes Djemmaa el-Fna für die Fotografen. Hinter ihm reckt sich das Minarett der Koutoubia-Moschee in den Nachthimmel.

Orientalische Inszenierung: Mit einer Show der Superlative wurde das Traditionshotel »La Mamounia« in Marrakesch Ende 2009 nach jahrelanger Renovierung wiedereröffnet.

Wo zwei Welten aufeinandertreffen: Auftritt einer Tänzerin in der Nacht-Bar eines Edel-Restaurants in Marrakesch. Die Stadt hat sich zu einem Party-Spot der Schönen und Reichen entwickelt, die oft nur für ein Wochenende per Privatjet einschweben.

Jeden Abend etwas angerichtet: Früher rollten die Karren der Garküchen nach Gutdünken auf den Platz. Heute hat jeder seinen nummerierten und klar begrenzten Stellplatz. Und aus den Steh-Theken von einst, sind kleine Restaurants geworden.

Am späten Nachmittag beginnt ihr
Tagewerk, tief in der Nacht rollen
die Karren wieder vom Platz:
An Dutzenden Garküchen auf dem
Djemmaa el-Fna bereiten Köche
orientalische Köstlichkeiten zu.

vorausgegangene Doppelseite
In Schwaden gehüllt: Die Rauchsäulen der Feuerstellen all der Garküchen vernebeln an geschäftigen Abenden erst den Sonnenuntergang und bald darauf den Sternenhimmel.

Wo früher Chaos herrschte, stehen die Verkaufsstände heute in Reih und Glied: Saftbuden und mobile Souvenirläden am Rande des Gauklerplatzes im Zentrum von Marrakesch.

Form.

Form.

vorausgegangene Doppelseiten
Filigrane Formen: Marrakesch ist immer eine Herausforderung für Kunsthandwerker gewesen, ein Beweis für ihre Kunstfertigkeit geworden. Heutige Restaurateure müssen sich an den Meistern von einst messen lassen – sei es, wenn es ums Ausbessern von bemalten Fliesen mit ihren Mustern, sei es, wenn es ums Erneuern winziger Ornamente in Torbögen oder an Fassaden geht. Einfacher ist es nur, wenn einzig die Sonne die Formen malt und Schatten an den nackten Lehm der Stadtmauer wirft.

Die Schlichtheit eines längsgestreiften Stoffes im Kontrast zur Ornamentik der Fassade: ein Mann in weiter Kutte am Fenster der Medersa Ben Youssef – einst die größte Koranschule Marokkos, heute als historisches Monument zur Besichtigung geöffnet.

Auf einem der vielen flachen Medina-Dächer spielen diesen Nachmittag zwei Jungs in marokkanischen Nationaltrikots Fußball. Ihre Pässe sind verhalten – anders als die der Geschwister, die unten in den Gassen kicken, ganz anders als die der Spieler im Fernsehen. Jeder Schuss muss dem gerade sechs mal zehn Meter großen und von einem keine 30 Zentimeter hohen Mäuerchen umfassten Trainingsgelände angepasst sein. Ein Rechteck wie herausgehoben aus dem Alltag. Der Ältere trägt die Zehn auf dem Rücken und geht etwas stürmischer heran als der Jüngere mit der Acht. Mit erstaunlichem Geschick spielen sie fast auf der Stelle, jonglieren den Ball auf den Fußspitzen. Und doch stiebt bei jedem Kick Sand auf, der es hier herauf bis aufs Flachdach geschafft hat.

Die Häuser der Medina bilden von hier oben betrachtet ein Ornament aus Wohngebäuden und Werkstätten, aus Moscheen und Koranschulen, aus Minaretten und den versteckten Palästen. Durchzogen ist es von dunklen Adern, den Gassen, die keinem System zu folgen und einander niemals exakt rechtwinklig zu kreuzen scheinen.

Traditionell waren die Dächer früher den Frauen vorbehalten, und wer als Mann dort ins Freie trat, musste so tun, als schaute er nirgendwo hin, als triebe ihn keinerlei Neugierde an, als würde er die Nachbarn nicht wahrnehmen. Das Dach war die Oase über der Stadt. Heute ist es Abstellfläche. Oder Wäscheplatz. Oder Fußballfeld.

SONNENBANK UND ABENDSALON MIT AUSSICHT

In den vielen von Ausländern erworbenen Riads aber ist es zur Sonnenbank und zum Abendsalon geworden. Sie haben Liegestühle und Polster heraufgeschleppt, Baldachine gespannt, die Mäuerchen an den Rändern erhöhen lassen, damit niemand herunterfällt. Abends zünden sie hier oben die Kerzen in ihren reich verzierten und bunt verglasten Lampen an, lassen sich das Essen auf dem Dach auftragen. Es ist zum formvollendeten Logenplatz geworden – manchmal mit Ausblicken bis hinüber zum Gauklerplatz oder zum Minarett der Koutoubia-Moschee.

Das, was früher schmucklos war, haben diese Neu-Marrakshis aus Europa und Übersee mit Mosaikfliesen verzieren, haben Stuckbögen über manchem Treppenaufgang einfügen oder vorhandene restaurieren lassen – weil sie das nötige Geld haben. Sie haben ihre Häuser in Form gebracht – auch wenn straßenseitig manchmal wenig davon zu sehen ist und der Putz der dicken Mauern bröckelt. Sie taten es, weil sie es selber schön haben wollen. Oder weil sie Zimmer im Riad vermieten und die Gäste es so vorfinden sollen, wie sie es sich vor Reiseantritt erträumt haben.

DIE STADT MIT DEN HÄNDEN ERSCHAFFEN

Den kunstfertigen Handwerkern hat das in den vergangenen Jahren gut gefüllte Auftragsbücher beschert. Ihre Vorfahren waren es, die die Formen dieser Stadt mit ihren Händen erschaffen haben – weniger die Umrisse, nicht das Grobe, nicht mal die schnörkellose kilometerlange Stadtmauer mit ihren vielen Türmen. Eher die Details waren es, auf die es ankam und die heute noch so viel Schönheit ausstrahlen.

Das beginnt im Kleinen bei den Brunnen in den Innenhöfen, führt über die Kupferbeschläge der Holztüren, all die Verzierungen der Torbögen und Kuppeln. Manche Muster, selbst der Fußböden eines Innenhofs, wirken dabei heute ungeahnt modern, wie grafisch zerlegt, von Nahem ruhig und gleichmäßig, aus größerer Höhe flirrend und gepixelt. Kein Material war den Erbauern von Marrakesch zu teuer. Selbst Marmor aus Italien ließen sie kommen. Warum? Um ihn in ihren Palästen strahlen zu lassen.

Als wanderte man nicht nur mit den Blicken durch eine Grafik: Ständig versucht das Auge Regelmäßigkeiten, Wiederholungen und komplexe Muster zu erkennen und zu decodieren, während die Füße einen durch Marrakesch tragen. Das ist vor einer Wand mit geometrischen Verzierungen (vorausgegangene Doppelseite) nicht anders als auf dem Fußbodenbelag eines Moschee-Hofes (rechts).

Aufwändige Handarbeit:
Die Investitionsfreude vor allem kapitalkräftiger Ausländer hat den Zünften in Marrakesch während der letzten Jahre volle Auftragsbücher beschert. Etwa zwei Drittel der herrschaftlichen Häuser im Stadtzentrum sollen bereits im Besitz vor allem von Europäern und Nordamerikanern sein.

Tor zur Welt des Glaubens:
reich verziertes Eingangsportal einer Moschee in der Medina von Marrakesch. Während Privathäuser mit ihren manchmal über einen Meter dicken Mauern von außen oft unscheinbar sind, erkennt man die Gebetshäuser an ihrer Pracht.

Wo Technik bei der Verbreitung einer Botschaft hilft: Der Gebetsruf des Muezzins vom Minarett der Koutoubia-Moschee wird wie inzwischen fast überall in Marokko von Megaphonen verstärkt.

Maurische Architektur in Vollendung: Torbogen im Mausoleumskomplex der Saadier-Dynastie aus dem 16. Jahrhundert. Mehrere Sultane und zahlreiche weitere Familienmitglieder ruhen hier nahe des Stadttores Bab Aguenaou.

Als ob Alltagsszenen in Form gegossen sind: Menschen beim Passieren des Stadttors Bab Aguenaou. Die Architektur ist vielerorts aufwändig wie ein Bühnenbild. Der Gang durch so ein Portal hat ungewollt etwas vom Auftritt vor Publikum, das auf der anderen Seite darauf gewartet zu haben scheint.

An kühlen Wintertagen mit Kaminfeuer beheizt: Blick durch geöffnete Flügeltüren in den Wohnraum eines Medina-Palastes. Aufkäufer aus dem Ausland gehen von Haus zu Haus und versuchen, den Bewohnern derart formvollendete Türen oder Tore gegen hohe Geldbeträge abzukaufen. Sie werden inzwischen wie Kunstwerke gehandelt.

Unterschiedliche Dimensionen: Alles findet sich in Marrakesch. Palastartige Gebäude mit Arkadengängen gehören ebenso dazu wie verschachtelte Altstadthäuser, die über die Jahrhunderte mit Durchbrüchen verbunden und mehrfach erweitert wurden. Generell galt früher Außenwirkung wenig. Gezeigt wurde der Wohlstand erst im Inneren der Häuser.

vorausgegangene Doppelseite
Aus Lehm errichtet: Der El-Badi-Palast, heute eine gut erhaltene Ruine, mit seinem geometrischen Grundmuster war während der Regentschaft der Saadier-Dynastie im 16. und frühen 17. Jahrhundert Sitz des Herrschers.

Vertrautes Bild in Marrakesch: Auf der Lehmmauer des El-Badi-Palasts brütet ein Storch. Auch auf der Stadtmauer finden sich zahlreiche Nester. Nichtmal der Straßenverkehr des 21. Jahrhunderts und aller Rummel hat die Vögel vertrieben.

Botanischer Garten außerhalb des Stadtzentrums: Der Jardin Majorelle mit seinen exotischen Pflanzen geht zurück auf den französischen Künstler Jacques Majorelle, der ihn 1947 der Öffentlichkeit zugänglich machte. 1980 kauften Yves Saint Laurent und dessen Lebensgefährte Pierre Bergé die Anlage voller Kakteen, Bambuspflanzungen und Brunnen.

Grüne Oase: Schmale Wege führen durch die weitläufigen Majorelle-Gärten mit ihren Brunnen. Yves Saint Laurent ließ den Park, zu dem auch ein Museum islamischer Kunst gehört, im Jahr 2000 umfassend überholen. Seitdem hat sich die Zahl der Besucher vervielfacht.

Die Gedanken sammeln: Schon der Maler Jacques Majorelle fand in seiner Gartenanlage mit ihren Teichen mit Seerosen, Wasserlilien und Lotus-Pflanzen Inspiration. Auch Modeschöpfer Yves Saint Laurent zog sich beizeiten hierher zurück, um auf neue Ideen zu kommen.

Wahrzeichen von Marrakesch:
Das Minarett der Koutoubia-Moschee aus der Mitte des 12. Jahrhunderts überragt die Dächer der Medina. Vom Straßenniveau bis zur Turmkuppel misst es 77 Meter.

Alte Pracht modern inszeniert:
Im weitläufigen Palais Sebban aus dem ausgehenden 18. Jahrhundert mit seinen fünf Innenhöfen ist heute ein Luxushotel mit 19 Zimmern untergebracht.

Zehn Kilometer lang und sechs bis acht Meter hoch: Weite Teile der historischen Stadtmauer aus dem frühen 12. Jahrhundert sind noch heute erhalten. Im Schnitt alle 30 Meter hatten die Bauherren Wachtürme vorgesehen.

vorausgegangene Doppelseiten
Ein letzter Blick auf den Gauklerplatz Djemmaa el-Fna, ehe das Tor des Medina-Hotels für dieses Mal ins Schloss fällt und die Heimreise ansteht: Den Klang dieses Platzes, den Geruch, das Lebensgefühl dieser Stadt trägt jeder mit nach Hause, der einmal dort war. Wenn die Sonne untergeht, laufen die Musiker, die Gaukler, die Märchenerzähler und die Männer in den Garküchen zur Hochform auf. Ihr Volksfest ist Alltag. Und manchmal fallen die Schatten in und um Marrakesch so, dass die Zeit stehengeblieben zu sein scheint.

CANETTI, ELIAS
»Die Stimmen von Marrakesch«
München und Wien, 2002

CHIRBES, RAFAEL
»Marrakesch – Königin der Wüste«
in: »Reise nach Marokko –
Kulturkompass fürs Handgepäck«
Zürich, 2008

DÄRR, ASTRID
»City Trip Marrakesch«
Bielefeld, 2010

HARMS, FLORIAN
»Herz einer Königsstadt«
Spiegel online
Hamburg, 2006

HITCHCOCK, ALFRED
»Der Mann, der zuviel wusste«
DVD, 2001

HUMPHREYS, ANDREW UND RIMMER, DAVE
»Time out Marrakech Essaouira &
the High Atlas«
London, 2005

JACOBS, DANIEL
»Marrakesh Directions«
London und New York, 2004

KIRCHHOFF, BODO
»Taumel des Seins«
in: Merian
Hamburg, 1999

MAYNE, PETER
»Ein Jahr in Marrakesch«
Reinbek, 1992

NICODEMUS, KATJA
»Kennen Sie Doris Day?«
in: Die Zeit, Nr.45
Hamburg, 2005

N.N.
»The Making of:
The Man who knew too much«
DVD, 2001

SOBIK, HELGE
»Mitten in der Medina von Marrakesch«
in: Tages-Anzeiger
Zürich, 6. September 2006

TIMMERBERG, HELGE
»Ana Marrakchi, mon ami«
in: Park Avenue
Hamburg, 2006

TIMMERBERG, HELGE
»Marrakesch mon amour«
in: Bunte
München, 1995

WALES, SUZANNE
»Wallpaper City Guide Marrakesch«
Berlin, 2008

WEISS, WALTER M.
»Im Labyrinth der Träume und Basare –
Marokkanische Mosaiksteine«
Wien, 2004

WEISS, WALTER M.
»Marrakesch – Orient erlesen«
Klagenfurt, 2003

ZIEGERT, SUSANNE
»Marokkos Medinas locken Europäer«
in: Welt am Sonntag
Berlin, 2006

COVER
© Matthew Wakem/
Getty Images

SEITE 2/3
© Dallas and John Heaton/
Free Agents Limited/
Corbis

SEITE 4/5
© Bruno Barbey/
Magnum Photos/
Agentur Focus

SEITE 6/7
© Peter Phipp/
Getty Images

SEITE 8/9
© Peter Beck/Corbis

SEITE 10/11
© Kelly Cheng Travel
Photography/
Getty Images

SEITE 14/15
© Jean du Boisberranger/
Getty Images

SEITE 16/17
© Bruno Barbey/
Magnum Photos/
Agentur Focus

SEITE 18/19
© Kelly Cheng Travel
Photography/Getty Images

SEITE 22/23
© Roger Viollet/
Getty Images

SEITE 24
© Richard Kalvar/
Magnum Photos/
Agentur Focus

SEITE 26/27
© Paul Popper/
Popperfoto/Getty Images

SEITE 29
© Popperfoto/
Getty Images

SEITE 30
© Dmitri Kessel/Time Life
Pictures/Getty Images

SEITE 31
© Evans/Stringer
Three Lions/Getty Images

SEITE 32/33
© Dmitri Kessel/Time Life
Pictures/Getty Images

SEITE 34
© Bettmann/Corbis

SEITE 35
© Dmitri Kessel/
Time Life Pictures/
Getty Images

SEITE 37
© Hulton-Deutsch
Collection/Corbis

SEITE 38
© Popperfoto/Getty Images

SEITE 39
© Dmitri Kessel/
Time Life Pictures/
Getty Images

SEITE 40/41
© Abbas/Magnum Photos/
Agentur Focus

SEITE 43
© Thomas Holton/
Getty Images

SEITE 44
© Bettmann/Corbis

SEITE 46/47
© Lola L. Falantes/
Getty Images

SEITE 48/49
© Sebastiano Scattolin/
Grand Tour/Corbis

SEITE 50/51
© Ferdinando Scianna/
Magnum Photos/
Agentur Focus

SEITE 52/53
© Sergio Pitamitz/
Corbis

SEITE 54
© Andrew Watson/
JAI/Corbis

SEITE 56/57
© Aaron Black/Corbis

SEITE 59
© mauritius images/
imagebroker/
Fabian von Poser

SEITE 60/61
© Sergio Pitamitz/
Corbis

SEITE 62
© Riccardo Spila/
Grand Tour/Corbis

SEITE 63
© Vincenzo Lombardo/
Getty Images

SEITE 64/65
© mauritius images/
imagebroker/Stefan Auth

SEITE 66
© Chris Hepburn/
Getty Images

SEITE 68
© Elisabeth Pollaert
Smith/Getty Images

SEITE 69
© Layne Kennedy/
Corbis

SEITE 70/71
© Vincenzo Lombardo/
Getty Images

SEITE 72/73
© Rosemary Calvert/
Getty Images

SEITE 74/75
© Martin Child/
Getty Images

SEITE 76/77
© JJ Travel Photography/
Getty Images

SEITE 79
© John Miller/
Robert Harding World
Imagery/Corbis

SEITE 80
© Franc & Jean Shor/
National Geographic/
Getty Images

SEITE 82/83
© Martin Child/
Getty Images

SEITE 85
© Leah Goodman
Photography/Getty Images

SEITE 86/87
© 4 Eyes Photography/
Getty Images

SEITE 88
© Kelly Cheng Travel
Photography/Getty Images

SEITE 90/91
© Gueorgui Pinkhassov/
Magnum Photos/
Agentur Focus

SEITE 92/93
© Harry Gruyaert/
Magnum Photos/
Agentur Focus

SEITE 94
© Joe Beynon/
Getty Images

SEITE 95
© Harry Gruyaert/
Magnum Photos/
Agentur Focus

SEITE 96
© Herman du Plessis/
Getty Images

SEITE 98/99
© Paolo Negri/Getty Images

SEITE 100/101
© Kurt-Michael Westermann/Corbis

SEITE 102/103
© Steve McCurry/ Magnum Photos/ Agentur Focus

SEITE 104/105
© mauritius images/ imagebroker/ Fabian von Poser

SEITE 106
© Sergio Pitamitz/ Getty Images

SEITE 108/109
© Gavin Hellier/JAI/Corbis

SEITE 110
© Atlantide Phototravel/Corbis

SEITE 111
© Peter Phipp/Getty Images

SEITE 112/113
© Scott E Barbour/ Getty Images

SEITE 115
© Condé Nast Archive/ Corbis

SEITE 116
© Win Initiative/ Getty Images

SEITE 117
© Abdelhak Senna/ AFP/Getty Images

SEITE 118/119
© Georges Pierre/ Sygma/Corbis

SEITE 120
© Mehdi Fedouach/ AFP/Getty Images

SEITE 121
© Abdelhak Senna/ AFP/Getty Images

SEITE 122/123
© Tony Barson/ WireImage/Getty Images

SEITE 124/125
© Pascal Le Segretain/ Getty Images

SEITE 126-129
© Doug McKinlay/ Getty Images

SEITE 130
© Travel Ink/Getty Images

SEITE 131
© Andrew Gunners/ Getty Images

SEITE 132/133
© Neil Emmerson/ Getty Images

SEITE 134/135
© Angelo Cavalli/ Corbis

SEITE 136/137
© Lisl Dennis/ Getty Images

SEITE 138/139
© Francesco Venturi/ Corbis

SEITE 140/141
© Simeone Huber/ Getty Images

SEITE 142
© Martin Harvey/ Getty Images

SEITE 144/145
© Roman Soumar/ Corbis

SEITE 147-149
© Bruno Barbey/ Magnum Photos/ Agentur Focus

SEITE 150
© Sylvain Grandadam/ Getty Images

SEITE 152
© John Miles/ Getty Images

SEITE 153
© Marco Brivio/ Getty Images

SEITE 154/155
© Nico Tondini/ Getty Images

SEITE 156
© Michael Boys/Corbis

SEITE 158
© Simon Watson/ Getty Images

SEITE 159
© Bruno Barbey/ Magnum Photos/ Agentur Focus

SEITE 160/161
© Paolo Negri/ Getty Images

SEITE 162/163
© Doug McKinlay/ Getty Images

SEITE 165
© Walter Bibikow/JAI/ Corbis

SEITE 166/167
© Abdelhak Senna/ AFP/Getty Images

SEITE 168/169
© Victoria Pearson/ Getty Images

SEITE 170
© Simeone Huber/ Getty Images

SEITE 173
© Eric Nathan/ Loop Images/Corbis

SEITE 174/175
© Jean-Pierre Lescourret/ Corbis

SEITE 176/177
© Angelo Cavalli/ Buena Vista Images/ Getty Images

SEITE 178/179
© Paul Harris/JAI/ Corbis

SEITE 180/181
© David Pickford/ Getty Images

SEITE 182/183
© Bruno Barbey/ Magnum Photos/ Agentur Focus

RÜCKSEITE
© Peter Phipp/ Getty Images

AUTOR
Helge Sobik

KONZEPTION, BILDAUSWAHL
Helge Sobik

LEKTORAT
Anja Beckerle
Donaustauf

PROJEKTLEITUNG
Susanne Mendack

KOORDINATION
Janina Gerthold

GESTALTUNG
Regina Rebele
Düsseldorf

PRODUKTION
Jung Produktion
Düsseldorf

DRUCK
Zanardi
Maniago, Italien

HERAUSGEBER
Feymedia Verlagsgesellschaft mbH
Kaiserswerther Straße 115
D-40474 Düsseldorf

T: +49.211.650 44 83-0
F: +49.211.650 44 83-19
E: info@feymedia.net
www.feymedia.net

ISBN: 978-3-941459-30-4